『一休骸骨』もくじ

一休骸骨

九年まてさせんするこそ地獄なれ
　　こくうのつちとなれるその身を

一休骸骨

うすすみにかくたまつさの中にこそ、万法ともに見ゆるなるへし。それしよしんの時、坐禅をもつはらになすへし。もろ〱国土にむまれくるもの、一たひむなしくならすといふ事なし。それわか身もいまたなり。天地国土本来のめんもくもいまたなり。みなこれ虚空より来んなり。かたちなきゆへに、則これを仏とはいふなり。

仏心とも、心仏とも、法心とも、仏祖とも、神とも、もろ〱の名はみなこれこなたよりなつくるなり。かようふのことをしらすんは

九年まて
させんちうて
地獄なふ
こゝろの
つらさ
おもはる
るの身は

一休骸骨

うすすみにかくたまつさのかきをしに万法
ところよくあらはすにはよしあしきえんの
時節をゆるしてよみえもおもひく
国土をもつくりなすのちひとしかく
あらはれこゝろのうちにわれすと
心のみなり了地水火風本来のめんもくをとい
まよひたるそら虚空よりきたるなり
かくのこときさとなり仏となるへし
仏も法も仏も法も仏も神とも
わたくしの心のなかよりなりけり
くさのかりのみのことはきこえん

たちまち地獄にはいるなり。また能き人のしめしによりて
二たひ帰らさるはめいときやくしやうのわかれ、したしき
もうときもるてん三界はいよ〳〵ものうく心さして、こき
やうをあしにまかせてうかれいて、いすくをさすともなく
ゆく程に、しらぬ野原へいりかゝり、そてもしほるゝぶじ
ころも、日も夕くれになりぬれは、しはしかりねの草枕、
むすふたよりもなきまゝに、あなたこなたをみまはせは、
みちよりはるかにしひき入りて、山本ちかくさんまいはら
とおほしくて、墓ともあまたある中にことのほかにあはれ
なるかひこつ、堂のうしろより立出ていはく、

世の中に秋風立ぬ花すゝき

まねかはゆかん野辺も山辺も

いかにせん身を墨染の袖ならん

むなしくすこす人の心を

一切のもの一たひむなしくならすといふことなし。むなし
くなるをほんぶんのところへかへるとはいふ也。壁にむか
ひて座する時、縁によりて起るねんはみなまことにあらす。
それ五十余年の説法もみなまこ

よそにもさら地獄へいくをやいかにまことに後世人の
しめしよりて三世の佛もすくはせ給はぬを
きやくしやうの心ちもしきりにしらうとうとき
ふてん三界にはよしなくたのむかたなし　て
こころのほりしますかせてうかひそれ
くをきとしてたのもしく祖にしぬ死去人
しばかりおきてこころしてよすがを御を
日ころたのむべきものには心してかへり候の
墓地にそひまいらせむとおもひまゐらせ
こののちとひまゐらするみちよりてそのかたより
離きぬりて山をもちゐくさんまいひとしく
あはれにて墓とするゆへいづくいつかまかると
のわかれのつかはしさふらひて暮のうつりゆくよも
さきていくく

世の中は松風さびしきをかき
まつはかなしもふかき心を山ふかく
いかにせんあはれ無常の袖ぬれん
むかしくやしき人の身と

一切の物の一念ひとしく ひらいゆく
かつまさしくうつゆにはんよりのとらへ
かきまくらいつき聖ひいてをさむる
財宝よりて記くるおんにみなうちゆへかとも
何にはなれ八十余年のあさにもみなまて

とにあらす。人の心をしらんゆへなり。かやうの心をしる人やあるとて、仏堂に立よりて一夜をおくるに、つねよりも心ほそくして、うちぬる事なかりける。暁かたになりて、すこしまとろみたる夢の中に、堂のうしろへ立出れば、かひこつおほくむれみつて、その振舞おの〳〵おなしからす。たた世に有人のことし。あなふしきの事やと思ひて見るほとに、あるかひこつちかくあゆみよりていはく、

　思ひ出のあるにもあらすすき行は
　　夢とこそなれあちきなの身や

仏法を神やほとけにわかちなは
　まことのみちにいかゝいるへき

しはしけにいきの一とすしかよふほと
　野辺のかはねもよそに見へける

扨、したしみよりてなれあそふに、日比、われ人へたてける心もうせはてゝ、しかも常にあひともなひけるかひこつ、世をすて法をもとむる心ありて、あまたのわかちをたつね、浅より深きに入りて我か心のみな本をあきらむるに、耳にみてるものは松風の音、眼にさへきるものは、けい月のまくらにのこる。そも〳〵いつれの時か、夢の中に

とよけれは人の心をさはかしなけれは
は心ゆるしやすくして仏堂にまいりて
一念をおこしてつゐに心ゆるくして
うちねふりなとしける時なりけるに
まつ心をしつめて我身の中に堂たて
うこしらへ心のかなしみをもとめて
てらの縁に赤坊のすくれたるかまして
有人のよろしけるをききよと思ひて
つくりまいらせてかならすゆめにまいり
てけく

世の中のあらましのみそしられけり
花をみしも其外のあちきなのやや
仏法をたのむやからもなよりもなし
まことの人はいくたりもなし

○
しらさりしはかなの中のこともかなしき
ゆるさるゝのしのこしらへけり
極楽へいかにしておもひ侍らはよ
極楽ありてけるとしせむとてしたよ
ゆひとらひけるかひらうせとして法を
こともしるなりてはかなのこちとまつの
儀よりはよりて我か身のことをおもき
しるまよかてるものは松風の音眼
みさへきゝものはあはれのまゝくくり
のこるそりいはとのみかなの中よ

あらさる、いすれの人かかひこつにあらさるへし。それを五色の皮につゝみて、もてあつかふほとこそ、男女のいろもあれ。いきたへ、身の皮破ふれぬれは、その色もなし。上下のすかたもわかす。たゝ今、かしつきもてあそふ皮の下に、このかひこつをつゝみてもちたりと思ひて、此念を能くこうしんすへし。

何事にあらおそろしの人のけしきや

なき跡のかたみに石かなるならは

五輪のたひに茶うすきれかし

あゝさるいほどの人いかにいつはりつゝ
まる恩ありしちとる夜のほとは涙しみて
ころて何のか命ありてぞ男めの心にまをあれ
いきる人のほのはかつまさめきしてこそ色をなし
よろのさてかくさまをかひすとく人今かゝはさ
まて何そふほのゆまことのかいまいつを
つゝみてこそちゝもよ思ひて念をも絶く
おきえんさき思ひ

何事もあらぬ人の
なしきや

おほ
かたの
あはれなる
かやみまゐらせ
ある人の
うちのみは
まとかし

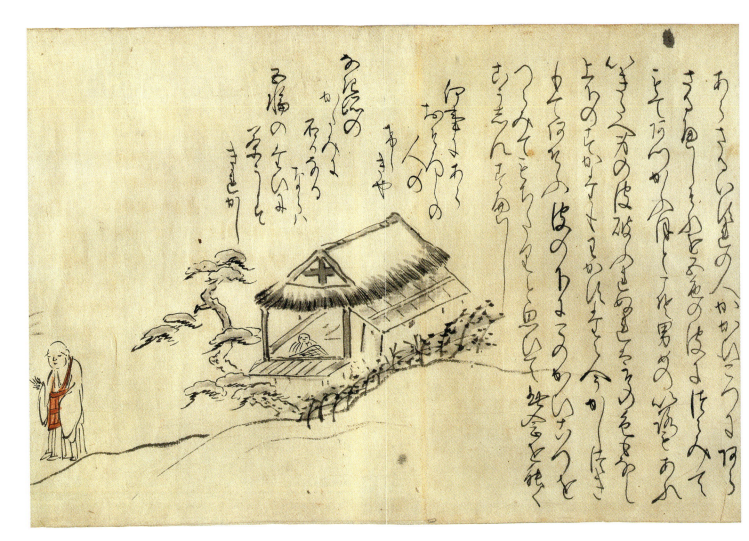

くもりなきひとつの月をもちなから
　うき世のやみにまよひぬるかな

まことにさておほしめし候はん。いきたへ、身の皮破ふれぬれは人ことにかやうに候。御身こいるほともなからへさせ給ふへき。はかなく候。

君か代の久しかるへき

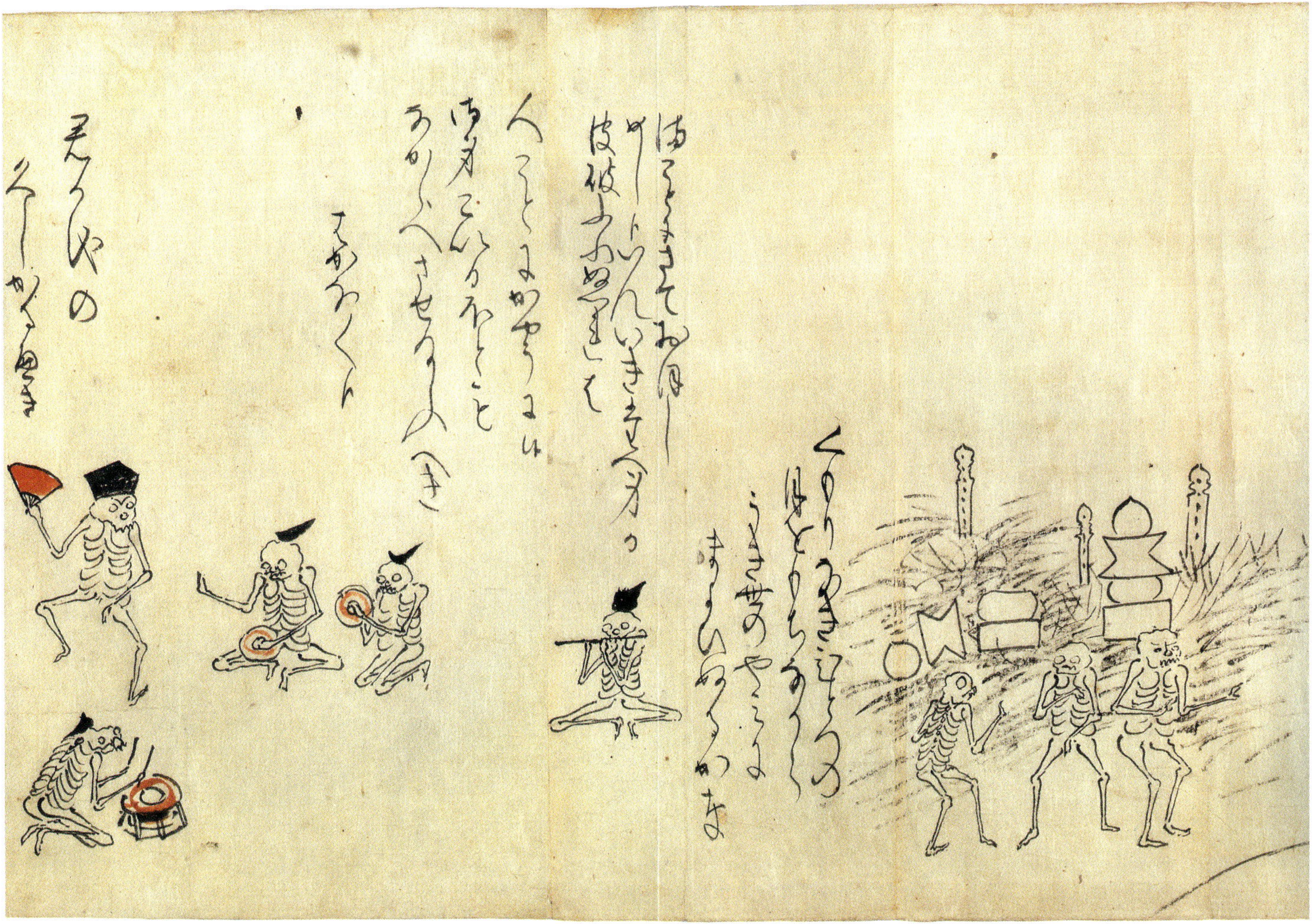

うき世のやみに
まよひぬるかな

ためしには
かねてそうへし住よしの松

我ありとおもふこゝろをすてよたゝ
身のうき雲の風にまかせて

こなたへよらせ給へ。いつまてもおなしとしまてなからへたくこそ候へ。まことにさておほしめし候はん。只々同し心にてこそ候へ。

世の中はまとろまて見る夢のうち

たかしまハ
かれてこそ
うくし
得もし
の松

我ありと
おもふこゝろを
すてよたゝ
身のうき
雲の風に
まかせよ

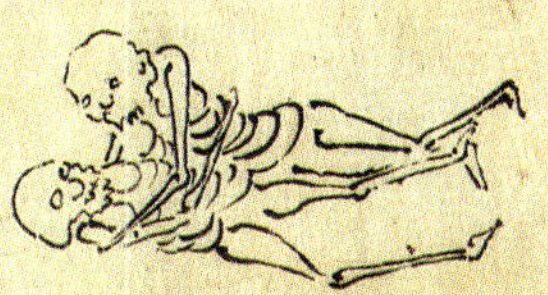

ころ人の坂のかへいつまてはおもしとしまて
あふへきことくいきとさそておはし
いん民同しんそてさく

世の中ハ
まとろまて
みる
夢のうち

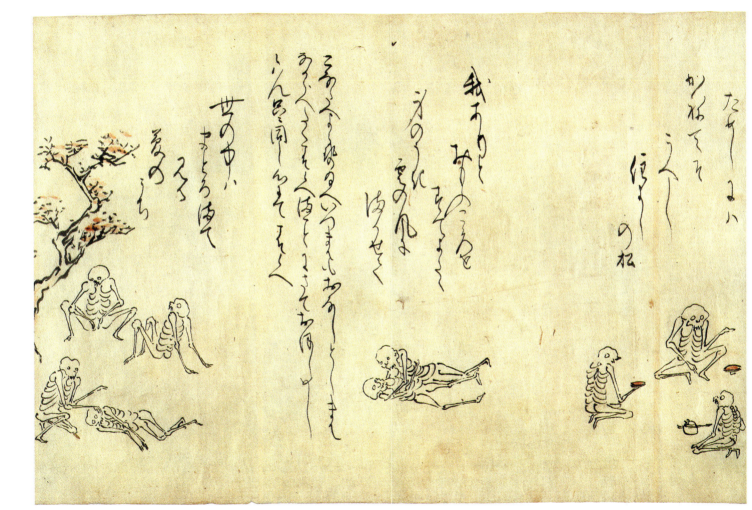

みてやおとろく人のはかなさ

ちやうごうはいのるかひなき事にて候へ。一大事より外は何事も心にかけさせ候ましく候。人間はさためなき事にて候へは、はしめておとろくへきにも候はす。

いとふへきたよりならねは世の中の
うきは中々うれしかりけり

いそき〱
御のせ候へ。

みそや
おもしろく
人の
こゝろおき

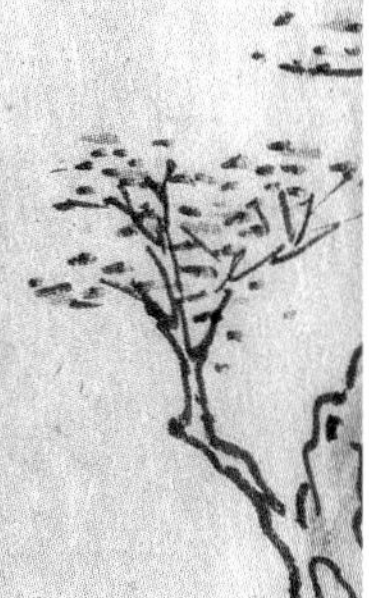

ちやうごうはひとのつ
かはるきゝものそかし
一天下よりみな所はさは
んなかはさ残はりよし人
ものハ清きものあたまる
まゝへハてしめて
みゆくたまし
くいそ

ひとはいさ思きさきのこのよ 世の中の
うれしくもなくうきものかりけり

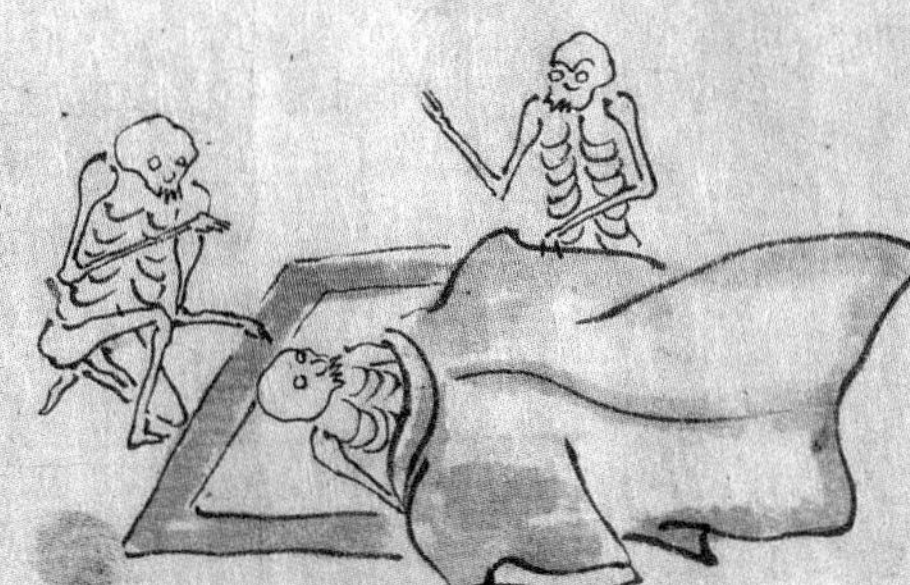

いろまさく
はのもとく

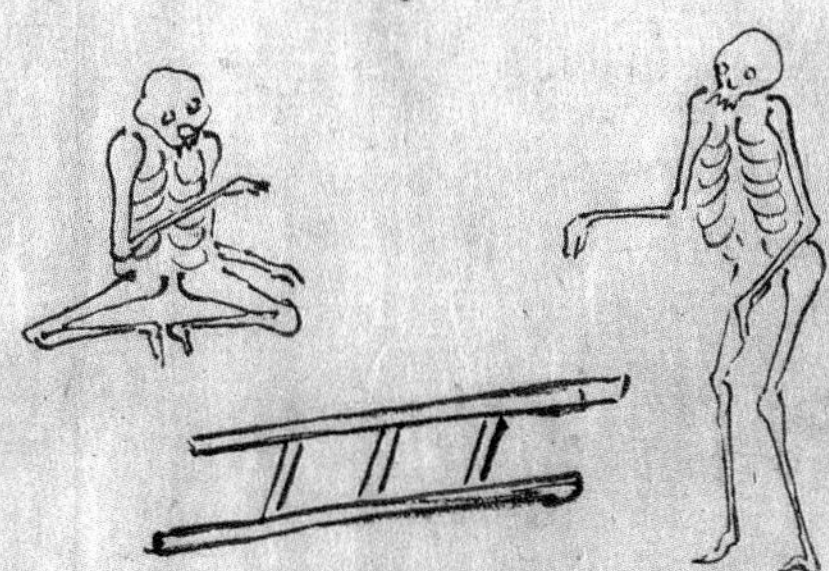

何とたゝかりなる色をかさるらん
かゝるへしとはかねてしらすや

もとの身はもとの所へかへるへし
いらぬ仏をたつねばしすな

たれもみな生るもしらすすみかなし
かへらはもとのつちになるへし

わけのほるふもとの道はおほけれと

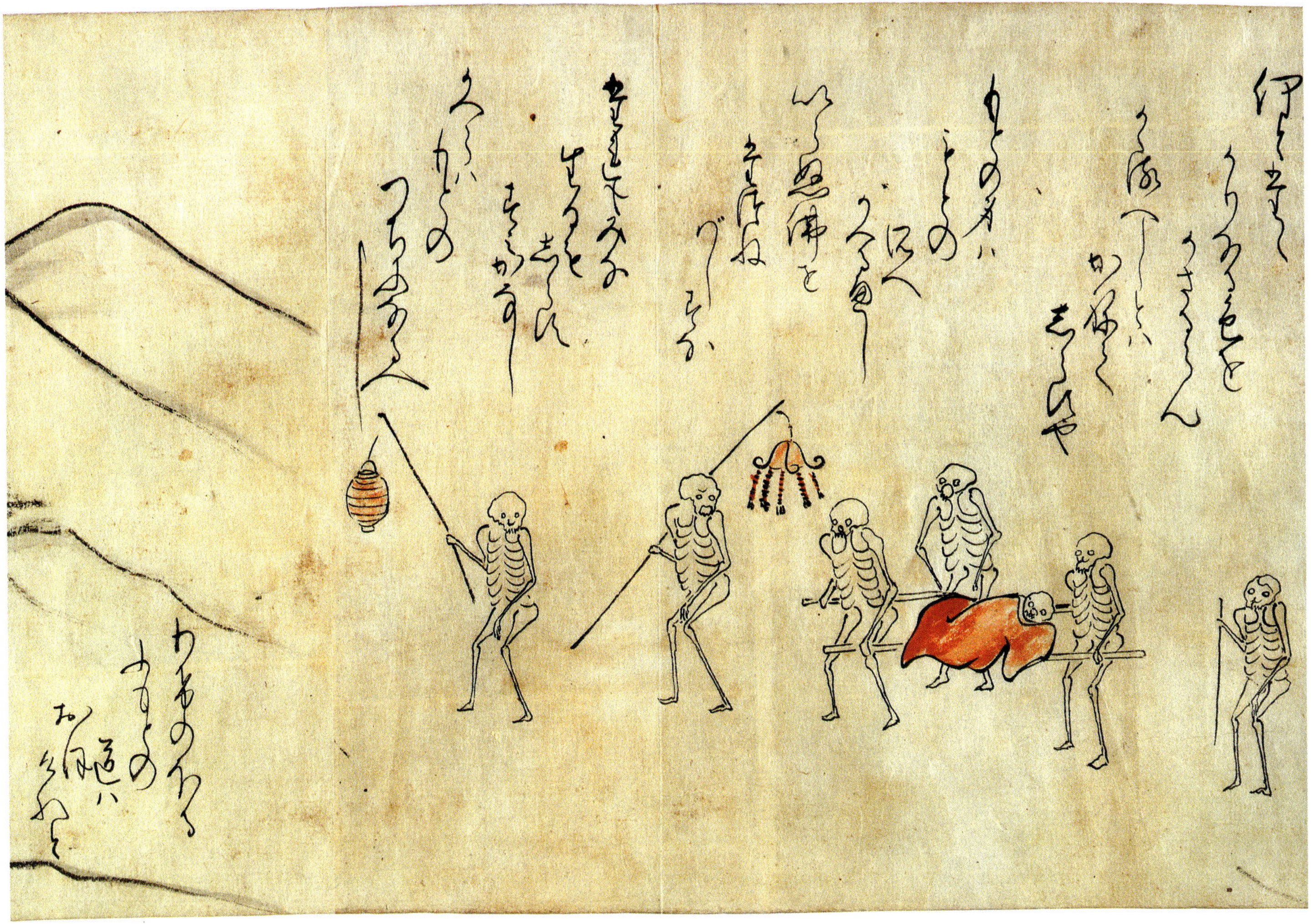

おなし高ねの月をこそ見れ

イニ

月を見るかな

上

行末にやとをそこともさためねは

下

ふみまよふへき道もなきかな

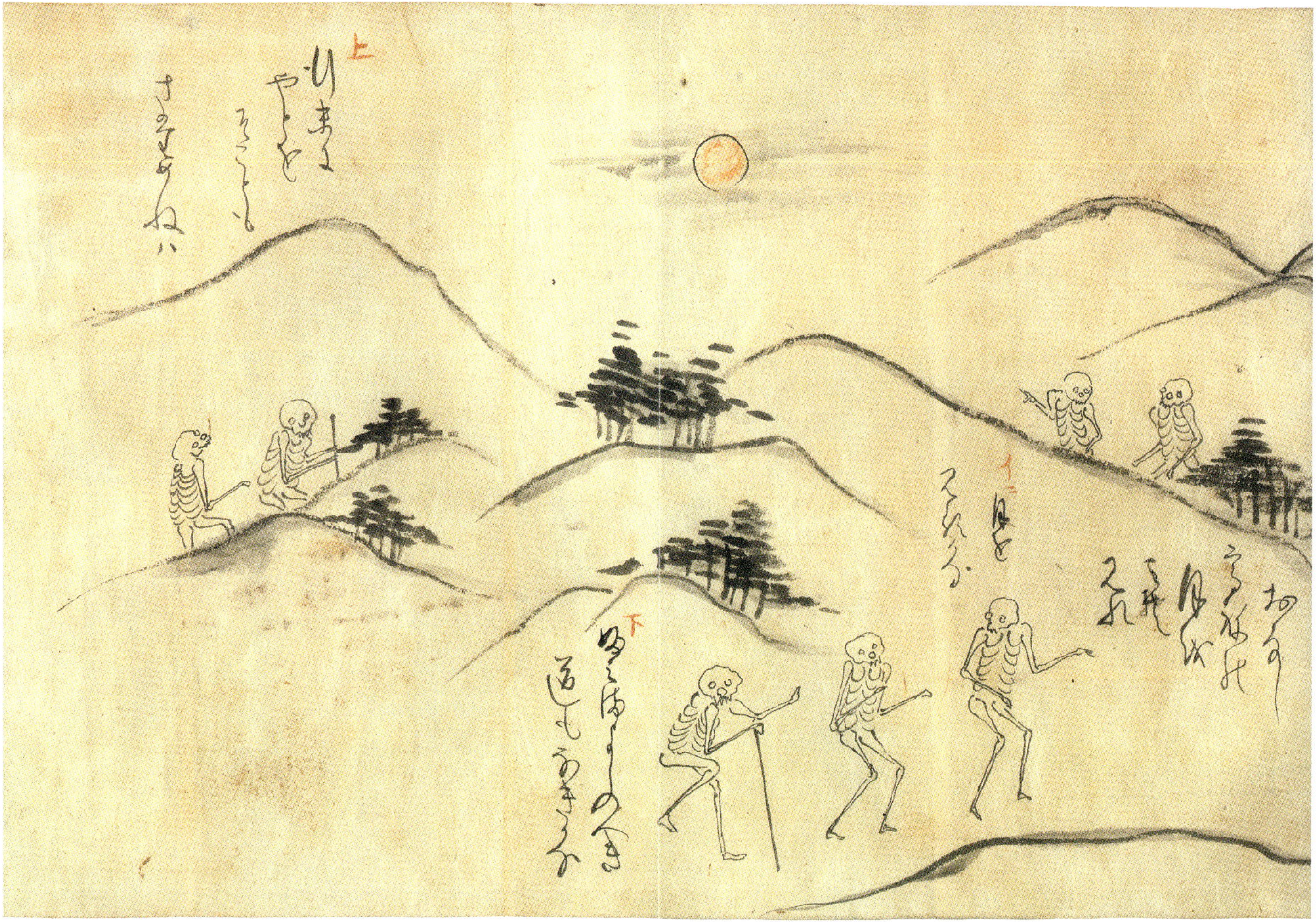
上
下

はしめなくおわりもなきにわか心
うまれしすると思ふへからす

まかすれはおもひもたらぬ心かな
をさへて世をはすつへかりけり

雨霰雪や氷とへたつれと
とくれはおなし谷川の水

ときをける心のみちはかわるとも
おなし雲ゐののりをこそ見れ

うつめたた

道をは松の落葉にて
人すむやとをしらぬ斗に

はかなしやとりへの山のやまおくり
おくる人とてとまるへきかは

世をうしとおもひとりへの夕煙
よそのあはれといつまてかみん

はかなしやけさみし人おもかけは
この（衍か）

道をハ
杉の
庵をかして
くらしやると
さしぬまよ

こゝろしからぬなきか
やまみかり
おくへとて
とふ人もなき

世をしのぶ
あととふ
多くの
よのはかなさを
いつまでかみん

こがらしや
あさましくへの
すがりはの

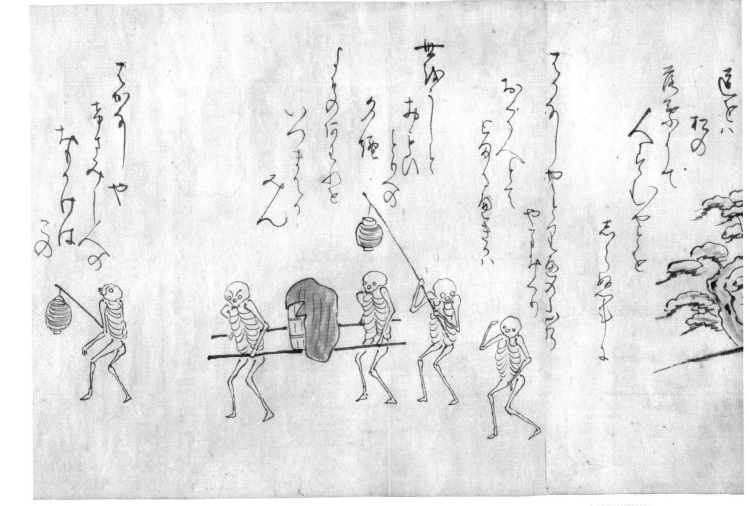

たつはけふりの夕くれの空

あわれみよ鳥辺の山の夕けふり
それさへ風におくれさきたつ

やけははひうつめは土となるものを

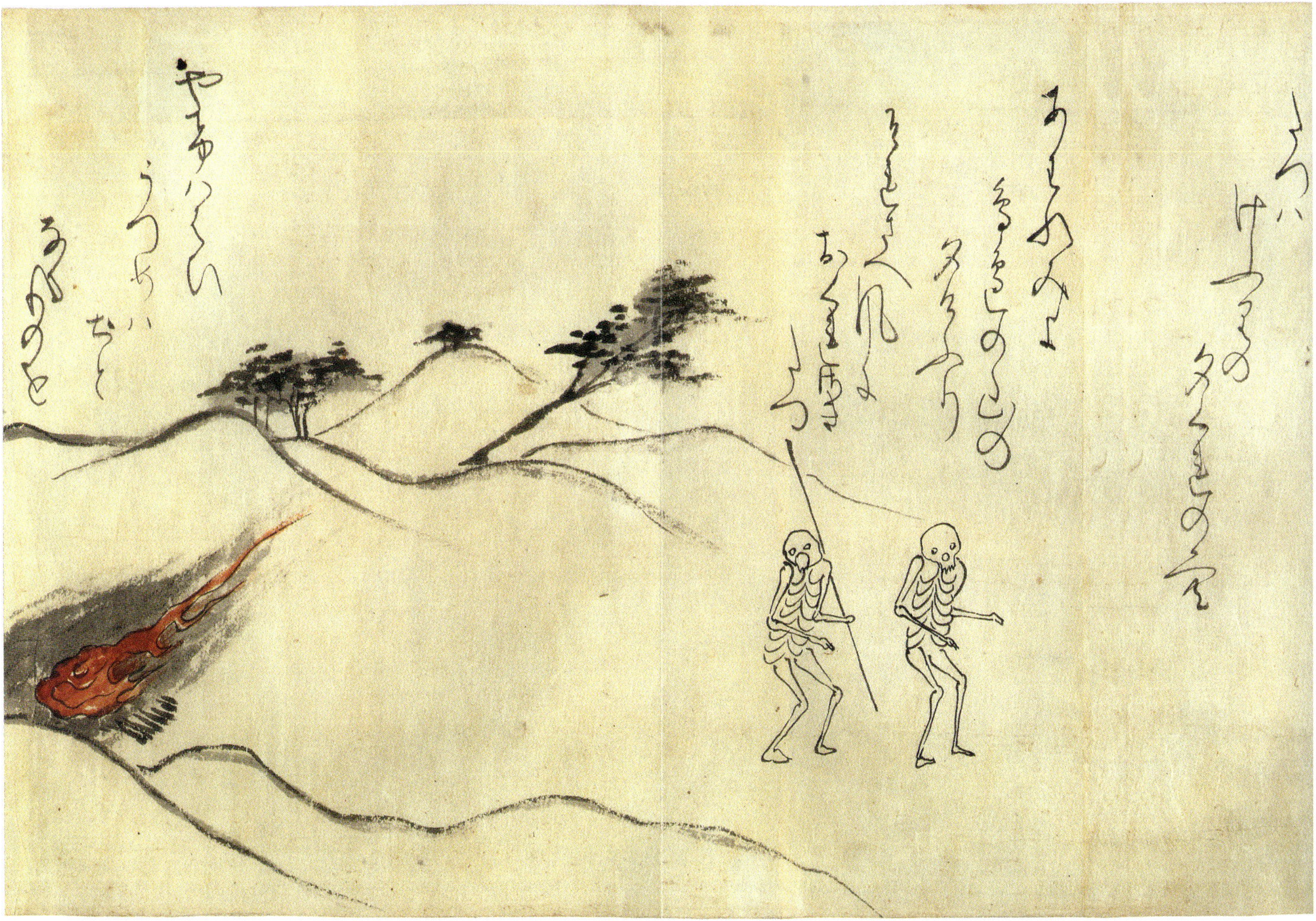

何かのこりてつみとなるらん

三とせまでつくりしつみものこりなく
つゐにはわれもきえはてにける

行のみつきて
つゆと
おもはん

こゝぬけく
情くらし
つみのめつゝあく
つかまハ
ませて
きえ
はてま
ける

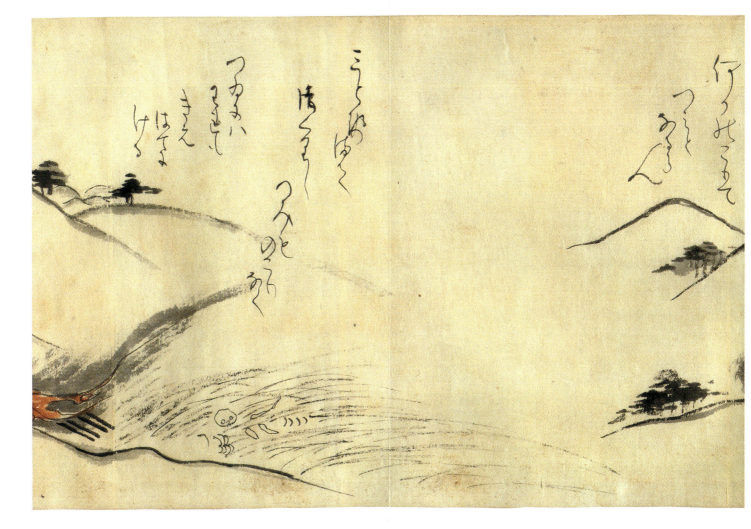

しはしけにいきの一すしかよふほと
野辺のかはねもよそにみえける

あらはる
いまの
みし
かりそめ
夢の
かりねを
しるは
みて
けり

世の中のさため事なるへし。けふこのころしも、かやうのあへなき事のあるへしとは、かねてしらすして、おとろく人のはかなさよとおもひて、わか身のあるへきをとはれけれは、ある人申されけるは、このころはむかしにかはりて寺をいて、古は道心をおこす人は寺に入しか、いまはみな寺をいつるなり。みれはばうすにちしきもなく、坐禅をもものうくおもひ、くふうをなさすして、道具をたしなみ、ざしきをかさり、

○世の中のはかなくみゆるをみる人へしるこゝろの
おほしことかやうのはかなきまのある
個しとはかなくてあるはしておもて
人のこゝろさまよみ人をひて　わかみの
ある人さまと思たましうまく　つる人やさきれ
くるしくのこころしりよかたちとす
幸法いそぎてたく道をとみてはく八幸まし
しかるのみ幸はいはくるとやまち六
でくちまちしきかる宝孫とこと
このうくみのひくかうとおきはして
道をえとまちしるのまこし　祝とかきをも

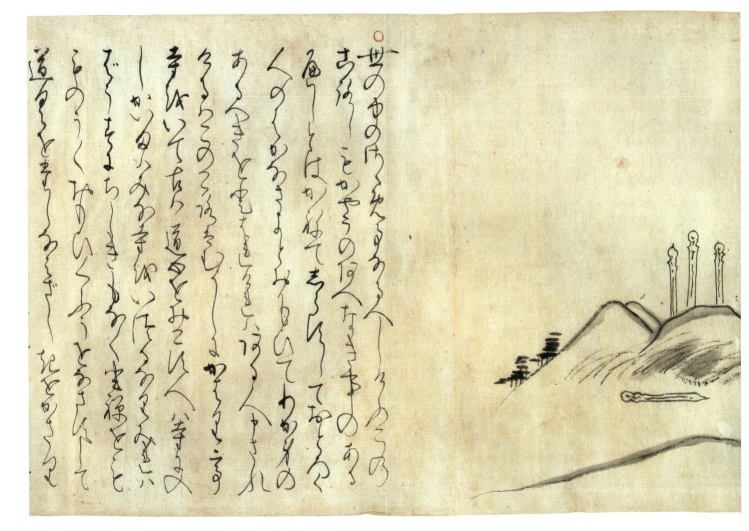

かまんおほくして、只衣をきたるをみやうもんにして、ころもはきるとも、た丶とりかへたる在家なるへし。袈裟ころもはきたりとも、衣はなわとなりて身をしはり、けさはくろかねのしもくとなりて、身をうちさいなむと見へたり。つら〳〵しやうしりんゑのいはれをたつぬるに、もの丶命をころしては地獄に入り、ものをおしみてはかきとなり、ものをしらすしてはちくしやうとなり、はらをたて丶はしゆら道におつ。五戒をたもちては人にうむれ、十せんをしやうしては天人に生れ、此のうへに四聖あり、これをくわへ十界という。世の一念をみるにかたちもなし、ちうけんも住所なく、さしは（きらいす（板本））まつへき所もなし。大空の雲の如し。水の上のあわの如し。只起る所のねんもなきかゆへに、なす所の万法もなし。念と法と一トにしてむなしきなり。人このふしんを知らぬなり。たとへは人の父母は火うちの如し。かねは父、石は母、火は子なり。

かまんおほくして上衣をまゝすくもくも
みやうとんにして法門をはきゝれとも
みゝにとゝまらすきゝてもわすれ法華経のこと
ゝ申すもきゝしりたるやうにかへりて
法門をさゝへ申すほとにいまひとくいて
あまりてかたくなにつよくそしりて
はらくたちしてかんなのうらみにたへす
ぬるものゝ命はつるとして地獄に
ひとのとみしみくはかまへておりものを
きらんきそりらくさやうとうるまてらしさ
ては八さちかのみをみなかれともてらいて
人まことしけせんとさうらうしていまへは
生々世々の人は四悪道にやかれとく
十界と申すその一念とめくるうちのかたちをも
ありけん仏すくさしてかまへ
仏の法をおろし大こうのうちめくれ
上のあやまりの起るにほんを
たすけん人はまへ不仏万法の命を
法を一下心にてかしこきなるもの人きぬ
いきんを知りしかなもましへ人の父母は
火ちのめし日にまつる又石ハ母火ハ子かり

これをほくそにたてゝ、たきゝあふらのえん尽ん時は消るなり。父母あひあそふ時火の出るか如し。父母もはしめなきかゆへに、つゐには火の消る心にうするなり。むなしく虚空より一切のものをいたす。一切の草木国土の色はみなこくうよりいつるゆへに、かりのたとへにぼんぶんのてんちとはいふなり。

桜木をくたきてみれは花もなし
　華をは春のそらそ（イニや）ももちくる
はしなくて空のうへまてあかるとも
　くどんのきやうをたのみはしすな

瞿日（曇（板本））空五十余年の説法をきゝて、このおしへのまゝにしゆきやうせんとすれは、瞿曇最後にのたへた（給（板本））ふよふ、はしめよりおわりにいたるまて一字もとかす、といひてかへつて手つから華をさしあけさせ給ふを、迦葉かすかに笑ひしとき、われにまされる法のたへなる心あり

まほろしのことくおもはしてこそまことにあはれの
えんまん時を消かゝり父母の御めぐみ
時火の風かなし父母にもしめされし
かなへに湯わかし火の湯風かまとする
ありともしらず虚空にはり所のなき
なきれ一切此草木山土の魂(色)にみこそう
くうさいつゆへにかうのまことへほんぼん
のてんちをかいはるも

桜木をくたきてみれハ花もなし
華をハ春のそらそ(イヤ)もち来

ちしらずてそのしかまて
ありかるとも
くどんのまなことまなこはかる

○明星日元年余日の説法をきゝてこの
おしへにまよふ者ありせんとおもハ
明星日雲ゐねはのめぐるとふからかなしめ
よろさおもひよ衆生をとし一念のとかく
といてかへつてはたかし華をさし
あなかせの仏迦葉かほゝゑみし
まてまてまてゆきめぐる法のまへへふるへ

とて、華をゆるしけるを、いかなるいはれそやととひければ、くとんの給ふやう、われ五十余年の説法は、たとゑはおさないものをいたかんとするとき、手のうちにものあることをいひていいたくか如し。われ五十余年の説法はこの迦葉をまねくか如し。此ゆへに方便といふ。瞿曇、今迦葉につたへ給ひし所の法、かのおさあひものをいたきとりたる所なり。しかるに此の華は身をもてなしてしるへきにあらす。心にもあらす。此身心を能心えし。ものしりたる人とはいはるとも、仏法者とはいふへからす。此花は三世の諸仏の世にいて、一乗の法と此の華の事なり。天竺の二十八祖、唐土の六祖よりこのかた、ほんふんの田地より外に外のものなし。一切のもの初めなき故に大といふ。虚雲より一切のはしきをいたすなり。たゝ春の花の、夏秋冬草木の色も虚空よりなすなり。又、四大といふは地水火風の事なり。人ことにこれを

とて妙法申しつゝ御いのり候へ
やとらひたまひてんのゝちやう
ことし五十余年の説法ハたゝこゝハみなさい
このとつかんとは法とき心のうちを
わのあらこととあらハしていたつらの
ことに五十余年の説法ハ方便無量を
まちかくのめし妙法と方便といふも
明星雲人の法華経の法のいの
法りのみちの内の法にて候さまを
説ありき経ハ此法華経は身をもてはなれ
てあらはせまてあらし心のうちにはなれ
妙法蓮華経の心をあらはしたまひ候
いくたのとも仏法ともいふは此ことはり
妙ハ三世の諸仏の命なりこそ一乗の法と
此経のかたちて此の二十八品の度とは
衆生をいふのかたち法の身とんの因縁をも
外にあらぬものなし一切の法これ初めなれ
法は大とも虚空よりも一切のものを
いれたる地をは万の色や形をもの
のかたち虚空とも又水とても又四大とも
いふ大地水風火の五なり人へことよ一通を

しらす。いきは風、あたゝかなるは火、身のうるをひてちけの有は水、これをやきもうつみもすれは土になり、それもはしめなきゆへにと、まるものひとつもなし。

何事もみないつはりの世なりけり

死ぬるといふもまことならねは

みな〳〵まよひの眼よりは、身は死ねともたましひはしなぬは、大なるあやまりなり。悟る人のこと葉には、身もたねもひとつに、しぬるといふなり。仏といふもこくうの事なり。天地国土一切のほんふんの田地にかへるへし。大一切経八万法をうちすてゝ、此一巻にて御心得候へし。安楽の人に御成候へし。

筆置も夢のうちなるしるしかな

さめてはさらにとふ人もなし

康正三年四月八日　虚堂七世

東海前大徳寺一休子宗純

しらいきは風あたゝかなるは火身の
うるをひてちけれ有ハかりて土となるき
そうみなもとし土よりなりともし
めくりまかへりますよのつねよし

何事もみなつくりものゝ世なりけり
死ぬるもつくりものなりしはらく

みなくまよひの眼よりハ見ハしられたま
しいハしらぬハ大かた何やまひありたる
人みなこそ事なハ見しまするつよ
しめなきもの身ハ仏といふてころものゝ
たゞて地水火一切のうんしん乃因地よ
かんなり

一切経八万法をとりもちてその一字をみて此心
得ありし　大あん人によみぬもの也

筆をとるうちみるもたゝしかな
さめてハさらぬまことの人なかりし

康正三年四月八日　虚堂七世
東海前大徳寺一休子宗純

『一休骸骨』解題

早苗　憲生

明治三十一年に森大狂氏が編集した『一休和尚全集』には、一休禅師の仮名法語として『あみだはだか物語』『二人比丘尼』『仏鬼軍』『骸骨』などが収録されて世に知られるようになった。また、近年、『日本の書』第七巻「墨蹟」に小松茂美氏は、一休自筆の「三十六歌仙自画賛」とともに、富裕な町家の隠居の需めに応じて書き与えられたと言われる、やはり一休自筆の「仮名法語」一巻があり、それらの仮名法語の写真数葉を紹介された。ともかく真贋の問題はさて措いて、これまでに一休禅師作といわれる、数多の仮名法語が室町時代末期頃から坊間に喧伝流布していたと思われる。

今回、複製される『一休骸骨』は三重県の刑部朱実氏の所蔵にかかり、慶応二年登誉雲瑞（浄土宗の僧侶か）の箱書を有し、もと越後の柿崎義春氏に架蔵されていたものである。伝えて柿崎家本という。

柿崎家本『一休骸骨』（以下柿崎家本と称す）は巻子仕立て一巻。表紙は紺紙に金泥模様をちりばめ、料紙は楮紙、裏打ち修補がほどこされる。紙高二八・五センチ、全長八四四・七センチ。筆つきは運筆にまま淀みがあるものの、概ね流暢な書体である。丹青に彩色された絵は極めて精緻、高雅な趣を漂わせる。内題は「一休骸骨」とあり、本文は平仮名交じり、一部分、濁点を付し、他本との校異が記される。若干の修正（見せ消ち）と誤写と思われる箇所を除けば、非常に良好な精写本である。巻末に「康正三年四月八日虚堂七世東海前大徳寺一休子宗純」の識語を有す。筆写年代は江戸時代初期頃と推定せられる。

つぎに、江戸期に開版された『一休骸骨』の管見に入ったものは、本文の伝承から三系統に分類される。

①慶長頃板本

大正十三年に龍谷大学出版部から西光義遵氏の序を付して吉澤義則氏所蔵本が影印出版された。現在、該本は京都大学附属図書館に『一休清語』という別の題名が付されて架蔵。もとの「一休かいこつ」の題簽はすでに剥落して存せず、また、「一休清語」という表題も見当たらない。刊記はないが、書体、版面、摺刷等を勘案すれば慶長頃の古板本と推定される。

②「孟春吉旦」の刊記を有する板本（昭和五十五年五月二十一日、奥村重兵衛氏が松ケ岡文庫所蔵本を影印出版）

③「元禄五壬申暦九月吉辰」の刊記を有する板本（『近世文学資料類従　仮名草子編10』に影印）

なお、②③には多種の後刻、再刻、求版があるが、ここではとり上げない。

これら三種類の板本を比較検討すると、②③は編成上、大差はないが、①は達磨の絵が末尾にあり、和歌の配列、および本文に異同が見られ、②③とは版式が全く異なる。さらに骸骨の絵はかなり素朴な形に描かれている。

②と③の版式は酷似しているが、③には本文に数行増補された箇所がある。

①②③の本文の異同を子細に校勘してみると、出版の時に後人が手を加えたものか、或いは別系統の写本に基づいて板行されたのか、三本の間には微妙な相違が見られる。

さて、これら三種類の板本と柿崎家本との関係を調査した結果、柿崎家本は板本①②の本文に近いが、字句に若干の異同があり、やはり、板本とは異なった伝来をもつ写本であると言えよう。

ところで、近年、『一休骸骨』に類似した構想をもつ『幻中草打画』という絵巻が岡見正雄氏によって紹介された（『近世文学作家と作品』所収）。岡見氏は、『幻中草打画』が『看聞御記』の紙背文書の、応永二十七年の物語目録の中に、他の物語と一緒にその書名が見出される所から、室町時代末期作の物語と確認せられ、『一休骸骨』は『幻中草打画』の改作乃至異本ではないかと推測された。

岡見氏の翻刻された『幻中草打画』の本文によれば、前半の骸骨の絵解きの部分は、筋書が『一休骸骨』の前半にほぼ一致する。後半は江戸時代初期開板の、同じく一休作と伝える『二人比丘尼』に符合する。この後半、乃至『二人比丘尼』を抄出した形態が『一休骸骨』の後半にあたる。されば、『一休骸骨』は『幻中草打画』を簡略に抄出したものであると言える。さらに『幻中草打画』には康暦二年（一三八〇）五月の奥書が付されてあり、本書の成立がこの年記の通りであるとすれば、本書は一休（一三九四～一四八一）の生誕以前に成立したことになる。したがって、これまで一休作と伝えられてきた『一休骸骨』『二人比丘尼』は、後人が『幻中草打画』を改作し、一休に仮託して流布させたものと言えようか。また、最近、田中教忠氏の蔵書目録に室町時代末期筆写の『一休骸骨』が登載され、その写真一葉を拝見すると、『幻中草打画』に近い写本のようである。

ともあれ、『一休骸骨』の成立に関しては不明の点が多いけれども、柿崎家本は『一休骸骨』が梓行される以前の古い形を伝えた善写本として資料価値が高いことは言うまでもない。

『一休骸骨』の諸本を調査して気付いたことを中間報告として若干記したが、調査及び校勘の及ばぬ点もあるので、後日、改めて『一休骸骨』の成立、本文の策定等について発表の機会をもちたい。

※本解題の後の論考として、『財団法人松ヶ岡文庫研究年報』第十九号（二〇〇五年）所収の「骸骨考―国立歴史民俗博物館蔵『骸骨』の紹介―」がある。（編集注）

一休の骸骨

柳田 聖山・訳注

[1]九年まで坐禅するこそ地獄なれ
虚空の土となれるその身を

[2]薄墨で書いた[3]手紙のなかにだけ、[4]万法が姿をあらわします。初心のときは、坐禅が専一です。何ものも、国土から生まれたものは、必ずむなしくなるものです（姿を消してしまいます）。

わが身も、[5]例外ではありません。天地、国土、[6]本来の面目も、例外ではありません。すべて[7]虚空から来るのです。虚空には、形がないから、それを仏とよぶのです。

[8]仏心とも、心仏とも、法心（法身）とも、祖仏とも、神とも、もろもろの名はすべて、こちらからつけたものにすぎませぬ。この

(1)九年まで……の歌＝達磨が九年間も坐禅をしたのは、地獄以外の何ものでもない、虚空の塵にひとしい自由の身を、わざと苦しめたのである。六祖慧能の本来無一物の歌をふまえる。坐禅を苦とする思考は、臨済録の示衆にも見える。

(2)うすずみ＝薄墨で書くのは、喪に関する文である。あるいはまた、薄墨色の紙のこと。「うすずみにかく玉づさと見ゆるかな霞める空に帰る雁がね」（後拾遺）

(3)たまづさ＝玉章。手紙、たより。

(4)万法＝あらゆるもの。一切の存在。釈迦の教え、八万法蔵のこと。ただし、存在の意ととれば、万法唯識、三界唯心などの句をふまえ、次にいう、天地、国土、一切万法である。後段に「只起る所のねんもなきかゆへに、なす所の万法もなし。念と法と一ﾄにしてむなしきなり」とある。

(5)いまたなり＝一たび空しくなることを、未だ免れていない。例外ではない。

(6)本来のめんもく＝父母未生以前、本来の面目を問うはなし。無門関第二十三則、参照。

(7)虚空＝一切諸法の存在

道理が分からなければ、すでに地獄にいるのと同じです。一方、善知識の教えによって、二度と迷いの世にもどらぬのが、冥[9]途と境をへだつ差というもの。親しい人も、縁遠い人も、[10]三界に流転するあいだは、いよいよ心さびしいものです。

　故郷を出て、足のゆくまま、何処ともなしにさまようちに、見知らぬ野原にふみこんで、[11]粗末な衣の袖をしぼるほど心細いおりから、日も夕ぐれとなりますから、しばらく仮寝するために、草枕をむすぶたよりもないものかと、あちらこちらと眺めていますと、道からかなりひきこんだところに、[12]三昧原らしいところがあって、墓がたくさん並んでいます。そのうちに、ひときわ可愛い骸骨が、お堂の裏から出て来ました。

[13]世の中に秋風立ちぬ花すすき
　招かばゆかん野辺も山辺も

[14]いかにせん身を墨染の袖ならん
　むなしくすごす人の心を

する場としての空間。
(8)仏心とも…＝臨済録の示衆に、「仏とは心清浄これなり」とある考え。
(9)めいときやくしやう＝冥土隔生。
(10)るてん三界＝三界に流転すること。三界は、色欲、物質欲、精神的欲望という三つの欲望が、幻想する世界。流転は、移りめぐること。へめぐり、迷う意。
(11)ぶじころも＝藤衣。藤や葛でできた粗末な衣のこと。これに「節頃」（おり、時）の意をかける。
(12)さんまいはら＝三昧原。墓地をいう。三昧は、サンスクリット語のサマーディの音写。元来は、禅定の意であるが、日本では、三昧堂のあるところを指し、墓場をいうようになる。
(13)世の中に…の歌＝世界中、みわたす限り、秋風がふきはじめて、花すすきが招いているから、わたくしは野辺でも山辺でも、何処へでも出かけてゆくつもりだ。野辺も山辺も、ともに墓地を指す。
(14)いかにせん…の歌＝あなたは、墨染の衣を着た出家の身だから、とてもいうのですか。今日の一夜をムダにしてしまう男心をどうしようもありません。女の骸骨が男僧に

どんなものも、一度はむなしくなるものです。むなしくなるのが、本分のところに帰ったというわけでしょう。壁に向かって坐禅していて、縁[15]によって念が起こるのは、すべて実ではありませぬ。

[16]いったい、仏の五十年あまりの御説法も、すべて実ではありませぬ。[17]相手の心を探るためです。[18]そんな心を知る人はないものかと、仏堂に立ち寄って一夜をすごしたのですが、いつもよりよけい心細くて、眠ることなどできませぬ。

暁方になって、ウトウトとまどろみます、夢のうちのことでした。御堂の後ろに出てゆきますと、骸骨が[19]たくさんに集まっていて、かれらの動きは、ひとつひとつちがいます。すべて、世のなかに生きている人と同じです。何と不思議なことだと思って、見つめていますと、ひとつの骸骨が、進みよって来ます。

[20]思い出のあるにもあらず過ぎ行けば
　夢とこそなれ味気無の身や

[21]仏法を神や仏に分ちなば

いいよる言葉。

(15)縁によりて＝縁起の法は、空である。坐禅とは、そんな縁起の法の空なることを観ずる意である。

(16)それ五十余年の説法＝仏陀の五十年あまりの御説法。仏陀は、三十歳で悟りを開いて、鹿野苑で最初の説法をしてから、八十歳でクシナガラに入滅するまで、五十年のあいだ、片時も休むひまなく説法をつづける。後にいうように、楞伽経では、これを自ら総括して、いまだ一字を説かずとするのであり、五十年の説法は、すべて方便のことであったという意味を含む。

(17)人の心をしらんゆへなり＝人々の悩みに応じて、薬を与える意。相手の病を診察すること。

(18)かやうの心をしる人やある＝わたくしの胸のうちを、知る人があるかと。女の立場でいうのであろう。

(19)むれみつて＝流布本では「むれゐて」。

(20)思ひ出の…の歌＝思い出すことが何もないかのように、薄情に扱われると、いっそう昔の夢がなつかしくて、今のわが身が情ない、ひどく味気ない。

(21)仏法を…の歌＝仏法を

まことのみちにいかが入るべき
[22]しばしげに息の一すじ通うほど
野辺の屍もよそに見えける

そこで、ねんごろになって、仲よく遊んでいるうちに、[23]今まで自分が、他をへだてていた気分もなくなって、そのうえに、いつも伴って来た骸骨が、世を捨て法を求める心をもっています。[24]さまざまの分別のすじをたどって、浅より深に分け入り、自分の心の根源を明らかにしてみると、何と耳いっぱいにきこえるのは、松風の音ばかり、眼をさえぎるものは[25]桂月の光だけが、枕辺にのこっています。

いったい、どんな時も、わたくしたちは夢をみています。誰だって、骸骨でない人はいませぬ。それですのに、[26]五色の皮につつまれて、互いにさすりあうあいだだけ、男女の色気もあろうけれど、ひとたび、息がきれ、身の皮が破れてしまえば、もう色気も何もありません。[27]上下の姿も、区別がつきませせぬ。今、大事そうに、さわっている皮の下に、あの骸骨が包まれているの

神や仏のことだと、分けてしまうのでは、いったい、真実心の道にどう入ったものか。

(22)しはしけに…の歌＝ほんのしばらくでも、立派に息が通うあいだは、墓場の屍もまだ他所ごとにしか見えぬ。相互に骸骨となって、はじめて本当の交わりとなる。

(23)日比、われ人へたてける＝生きているあいだ、自他を分つ分別の念。

(24)あまたのわかち＝不明。仮に、種々のけじめとする。

(25)けい月＝桂月。月の異称。

(26)五色の皮＝五色は、青、黄、赤、白、黒をいうが、ここでは、五欲の皮だろう。五欲は、色、声、香、味、触という、欲望を引き起す五つの対象。また、五情ととってもよいかもしれぬ。五情ならば、喜、怒、愛、楽、怨である。

(27)上下のすかた＝社会的な身分の上下。

だと思って、その念を[28]信仰することです。
[29]それにつけても、何とおそろしい、人間の景色ではございますこと。

[30]亡きあとの形見に石がなるならば
　五輪の台に茶臼きれかし

[31]くもりなきひとつの月をもちながら
　うき世のやみにまよいぬるかな

[32]まことに、そうお考えになるにちがいない。息が切れ、身の皮が破れてしまえば、誰でもこんな調子でござります。そなた方も、人を恋うるほどに、長生きなさいますかどうか、頼りないことでございます。

[33]君が代の久しかるべきためしには
　かねてぞ植えし[34]住吉の松

[35]我ありと思う心を捨てよただ
　身の浮雲の風にまかせて

[36]こちらに、お寄りあそばせ、いつまでも、同じように長生きしたいものでござい

(28)こうしん＝仰信。我をはらず、教えをそのまま信ずること。
(29)何事にあら…＝以下、骸骨の対話。
(30)なき跡の…の歌＝墓石を、死んだ人の形見にするよりは、五輪の塔の台石を、茶臼にきざんだ方がよい。茶臼を御手洗鉢ととる本もある。
(31)くもりなき…の歌＝誰でも皆、同じように曇りのない、明月のような心をもちながら、世間の暗路をふみまよう愚かさ。
(32)まことにさて＝骸骨同士の、痴語愛語。
(33)君か代…の歌＝君の一生が長くつづく証拠として、前々から住吉の松を植えてあげたから、長生きはまちがいない。「かねてぞ植えし」と「かねて添うべし」とをかける。
(34)住よしの松＝住江の松に同じ。ともに松の歌枕。摂津国墨江は松林で有名であった。
(35)我ありと…の歌＝私がそばにいると思う、そんな心を捨てなさい。おたがいの身は、風に吹かれてゆく浮雲のように、はかないものですよ。「身の憂き」にかける。
(36)こなたへよらせ給へ＝こちらへお寄りあそばせ。ふたたび、男女の対話。

ます。まことに、そういうお考えになるにちがいありません。どこまでも、同じ心でございます。

(37)世の中はまどろまで見る夢のうち
　見でやおどろく人のはかなさ

(38)永劫に生きるなど、祈り甲斐のないことでござります。(39)一大事よりほかは、人間は、何もお心にかけないで、頂きとうございます。人間は、不定でございますから、今さらあわてるほどの、何ごともございませぬ。

(40)いとうべきたよりならねば世の中の
　うきはなかなかうれしかりけり

(41)早く、早く、御のせになってください。

(42)何とただ仮りなる色を飾るらん
　かかるべしとはかねて知らずや

(43)もとの身はもとの所にかえるべし
　いらぬ仏をば訪ねばしすな

(37)世の中は…の歌＝浮き世のことは、眠らないで見る夢のようなもの。そんな夢を見てあわてるのは、馬鹿ばかしい限りである。

(38)ちゃうごう＝不明だが、仮に長劫の意とする。

(39)一大事＝後生の一大事。一切空と悟ること。本来は、法華経にいう一大事因縁で、仏法の根本真理を指す。

(40)いとふへき…の歌＝いやだと思って、避けるような、知らせではないから、この世の辛さは、かえって有難いものとなる。死別をいうのであろう。

(41)いそき〳〵＝流布本は、かなりちがうが、いよいよ、最後の別れの言葉。

(42)何とたた…の歌＝何とまあ、仮りそめの色ばかりを飾ったものか、こうなることものは、もとより知っていたはずだのに。

(43)もとの身は…＝本来の自己は、本来のところに帰るのがよろしい、余計な仏を探したりしないことだ。

(44) たれもみな生るも知らず棲家なし
帰らばもとの土になるべし

(45) 分け登る麓の道は多けれど
同じ高嶺の月をこそ見れ（見る哉）

(46) 行く末に宿をそことも定めねば
踏み迷うべき道もなきかな

(47) はじめなく終りもなきにわが心
生まれ死するとと思うべからず

(48) 任すればおもいも足らぬ心かな
おさえて世をば捨つべかりけり

(49) 雨あられ雪や氷とへだつれど
解くれば同じ谷川の水

(50) 説きおける心の道は変わるとも
同じ雲居の則をこそ見れ

(51) 埋めただ道をば松の落葉にて
人住む宿と知らぬばかりに

(44) たれもみな…の歌＝誰もみな同じように、生まれたことも知らず、特定の住所もありはしない。帰れば本来の土になるがよろしい。

(45) わけのほる…の歌＝麓のみちは、いろいろとあるけれども、のぼりきった山の頂上では、みな同じ月を見るのである。

(46) 行末に…の歌＝これからさき、何処に宿をとるとも、まったく決めていないのだから、道をまちがえることもありはしない。

(47) はしめなく…の歌＝本来は、始めもなく、終りもなく、不生不滅なのに、自分の方から、生まれたり死んだりするなど、考えてはいけない。

(48) まかすれは…の歌＝任せてしまえば、もう自分に心配する必要はない。世間のことは、すべて、きっぱりと思いきった方がよろしい。

(49) 雨霰…の歌＝雨と霰と、雪と氷とでは、姿かたちがちがっているが、解けて流れるときは、同じ谷川の水である。

(50) ときをける…の歌＝古人が説いている、心のありようはちがっても、同じ天上の真理が見えるはずである。

(51) うつめたた…の歌＝松

[52] はかなしや鳥辺の山の山送り
送る人とてとまるべきかは

[53] 世を憂しと思い鳥辺の夕煙
よそのあわれといつまでか見ん

[54] はかなしや今朝見し人のおもかげは
立つは煙の夕ぐれの空

[55] あわれ見よ鳥辺の山の夕けむり
それさえ風に遅れ先立つ

[56] 焼けば灰埋めば土となるものを
何か残りて罪となるらん

[57] 三と世までつくりし罪も残りなく
ついには我も消え果てにける

[58] しばしげに息の一すじ通うほど
野辺の屍もよそに見えける

世の中のきまりにちがいありません。今日このごろになって、こんなに悲しいことがあろうなどと、一度も考えたことがなく

の落葉で、自分の来た道を埋めてしまいなさい。人が住んでいる宿だと、判らぬようにするのだ。

(52)はかなしや…の歌＝あっけないことである。鳥辺山に死者を送る、山送りの人々は、送る方の人々も、いつまでこの世に留まることができようか。

(53)世をうしと…の歌＝この世はつらいなどと考えて、鳥辺山の夕煙を見ているが、これとて、他所の悲哀とすることが、いったいいつまで出来るものか。

(54)はかなしや…の歌＝あっけないことだわいの。今朝出会った、その人の顔が、夕にはもう、空に立ちのぼる煙となってしまったわや。

(55)あわれみよ…の歌＝ああ、鳥辺山で人を焼く、夕方の煙の動きをごらんなさい。それさえも、風の都合で後になったり、先になったりしているわいの。

(56)やけばはい…の歌＝焼けば灰となり、埋めば土となってしまうのに、いったい、何がその人の罪として、残るというのだろう。

(57)三とせまて…の歌＝三世（?）までも存するという罪も、完全に消え、

て、あわてる人は、頼りないことだと思って、自分のあり方を聞かれたので、ある人が答えたと申します。

このごろは、昔とちがって寺を出ます。古は道心を起こした人が寺に入りましたが、今は誰も寺を出るのでございます。

考えて見れば、坊主は知識がないうえ、[59]坐禅をするのをうるさがり、[60]工夫をこらさぬだけでなしに、道具を愛して、部屋を飾り、慢心が強く、衣を着るだけが名聞だと考えているから、衣を着ていても、衣をとりかえただけの在家にすぎません。

袈裟、衣を身につけても、衣は縄のように我が身を縛り、袈裟は[61]鉄の撞木杖のように、我が身を打ちさいなむありさまです。

しずかに、生死輪廻の原因を考えてみますと、[62]生きものを殺せば、地獄に堕ちます。物をおしめば、餓鬼道です。ものを知らないから畜生となり、腹を立てるから、修羅道に落ちます。[63]五戒をたもてば、[64]人間に生まれ、[65]十善を行なえば、[66]天上に生まれます。さらに、そのうえに[67]四聖の世があって、あわせて[68]十界といいます。

我々の一念を考えてみますと、形もな

罪を負う自分の方も、消え尽きてしまうことだ。

(58)しはしけに…の歌＝先出(22)と同じ。

(59)坐禅をもものうく＝野守鏡や、無住の雑談集にも、すでに同じ警告がある。

(60)くふうをなさす＝参禅を嫌うこと。くふうは工夫。公案を拈提する意。元来は、手間暇をかけて、熟練すること、我が身につけること。

(61)くろかねのしもく＝鉄の棒。獄卒のもつ、しごき棒。しもくは、撞木。

(62)もの、命をころしては＝以下、五道の理由をあげる。殺生は地獄、ものおしみ（慳貪）は餓鬼、ものしらず（愚痴）は畜生、瞋恚は修羅とされる。

(63)五戒＝在家のための五つの制戒。殺、盗、邪淫、妄語、飲酒をいましめるもの。

(64)人にうむれ＝うむれは、不明。今、生まれる意とする。人は、ここでは六道の一つ、人間を指す。

(65)十せんをしやうしては＝十悪を行なわないこと。しやうは成であろう。十悪は、殺、盗、邪淫、妄語、二枚舌、悪罵、綺語、貪り、怒り、邪見で、身三、口四、意三よりなる。

(66)天人に生れ＝天上界に

ければ、中間[69]という住所もなく、そうかといって、嫌[70]いすてるべきようなところもありませぬ。天上の雲のようなもの、水上の泡のようなものでございます。どこまでも、念の起こりようがないのですから、万法[71]の作りようもありませぬ。念も法も、ともに空しいのです。人々は、この消息[72]に気付きませぬ。

たとえていえば、我々の父母[73]は火打ち石のようなものです。かねは父であり、石は母であり、火は子です。おこった火をほくちに移しますが、薪や油の助けが尽きると、火は消えます。父と母が遊ぶとき[74]、火が出るようなものですが、父母にも始めはありませぬから、結局は、火も消え、心も消えるのでございます。何もない虚空から、一切のもの[75]が出て来ます。ありとあ[76]らゆる、草木国土という色（物）は、すべて虚空から出て来ます。これを仮に譬えて、本分の田地だというのです。

桜木[77]をくだきて見れば花もなし
花をば春の空ぞ持ち来る

生まれること。天人は、六道の最上である。

(67)四聖＝声聞、縁覚、菩薩、仏の四位。

(68)十界＝六道と四聖。天台宗では、十界互具を主張し、地獄にも十界ありとする。今は、十界の階位そのものを空ずる意あり。

(69)ちうけん＝中間。二つのものの間。有と無との間。

(70)さしはまつ＝流布本は「きらいすつ」とある。

(71)なす所の万法もなし＝三界唯心、万法唯識の意。「若し人、三世一切の法を了知せんと欲せば、ただ法界性は一切唯心の造なりと観ずべし」。

(72)ふしん＝不審か。今は、消息の意とする。

(73)人の父母は火うちの如し＝出典不明。臨済録には、無明を父とし、貪愛を母とする句があり、楞伽経によるとされるが、今の場合とは異なる。

(74)父母あひあそふ時＝父母と子の三縁合することによって、人間の誕生を説くのは、首楞厳経である。

(75)一切のものをいたす＝いたす以下、流布本は異なる。「はごくみ、一切の色をいだす、一切の色をはなれては、本分の田地とはいふなり」。

端[78]なくて空の上まで上がるとも
　瞿曇の経を頼みはしすな

瞿曇が五十年ばかり、説かれたことを、まにうけて、その教えの通りに修行しようとすると、瞿曇はさいごに、こうおっしゃっているのです。

始めから最後まで（五十年あまりのあいだ）わたくしは一字も説いてはいない。

こういって、手[79]ずから花を指し示されたところ、迦葉がにっこりと笑ったとき、「我に妙心という正法有り」といって、花をおろされたので、「どういうわけですか」とききますと、瞿曇はこうお説きになったといいます。

わたしの五十年あまりの説法は、た[80]とえてみれば、幼い子供を抱きあげるのに、わたしの手のなかに、よい物があるぞとあやして、抱きとるようなものであった。わたしの五十年あまりの説法は、今、迦葉をさしまねいたのと同じである。こ[81]れを、方便という。

瞿曇が今、迦葉にお伝えになった法は、あの幼い子供たちを抱きとったのと、同じ

(76)一切の草木国土の色は＝仏陀は悟りをひらいて叫んだという。「奇なる哉、奇なる哉、一切衆生、草木国土、みな如来の智慧徳相を具有す」。

(77)桜木を…の歌＝桜の幹を割ってみても、どこにも花の原因らしいものはない。あの花は、きっと春の空がもってきたのであろう。先にいう、三縁の空なる意を歌うもの。

(78)はしなくて…の歌＝ゆくりなくも天上まで登ってみても、釈迦の教えを書いたお経が、頼りにはなりはすまい。

(79)かへつて手つから＝いわゆる拈華微笑の話。無門関第十六則にくわしい。宋代初期、天聖広灯録にはじめて主張される。

(80)たとゑはおさないものを＝子供をあやす仕ぐさ。いわゆる空拳黄葉、止啼の説。涅槃経嬰児行品、大般若経第五九九、大智度論第二〇、百丈、黄檗、臨済の語録にも頻出する。

(81)此のゆへに方便といふ＝方便は、善巧方便の意。誘引し、つれだすことをいう。

ことでした。したがって、[82]この花は、身を使って知ることができるようなものでもなければ、心でもない。我々が身や心を使って知ったものは、ものしりとはいえるが、[83]仏法者とはいえませぬ。

[84]この花とは、三世の諸物がこの世に生まれて、説かれたという、一乗の法が正しくこの花のことです。

[85]インドの二十八代の祖師たちと、中国の六代の祖師たちの時から今まで、本分の田地以外には、何もございません。[86]すべてのものは、始めからないから、大とよびます。[88]眼、耳、鼻、舌、身、意、末那識、阿頼耶識の八識も、すべて[87]虚空から出て来るのです。たとえば、春の花も、夏、秋、冬の草木の色も、すべて虚空から生まれるのでございます。

さらに[89]四大というのは、地、水、火、風のことですが、人々は、誰もそのことを知りませぬ。すなわち、息は風であり、体の暖かいのは火、身に潤いがあり、血の気があるは水、それらを焼いて埋めたりすれば、土になります。いずれも、始めがないから、同じ姿に留まるものは、何もありま

(82)此の華は身をもてなして＝流布本は、「口にいひも知るべからず」。
(83)仏法者とはいふへからず＝臨済録の示衆にいう、「ただ諸方に六度万行を説いて、以て仏法と為すが如き、我は道わん、これ荘厳門、仏事門にして、これは仏法にあらず」。
(84)此花は三世の諸仏の世にいでて＝世尊拈華の華と、法華の華を一つに見る発想。一乗の法とは、(39)にいう、ただ、此の一大事のこと。
(85)天竺の二十八祖＝仏陀が大迦葉に伝えた正法眼蔵を、大迦葉より二十八代目の菩提達磨が、中国に来て慧可に伝え、慧可より五伝して、六祖慧能に伝える。
(86)一切のもの初めなき故に大といふ＝四大仮和合の意。大は、それ以上、遡ることのできない、最初のところ。大多勝の大ではなくて、四大の大であり、根元要素のことらしい。
(87)虚雲＝流布本では虚空とある。
(88)はしき＝八識のこと。眼、耳、鼻、舌、身、意の六つに、末那識、阿頼耶識を加えたもの。
(89)四大といふ＝四大を、

せぬ。

[90]何ごともみな偽りの世なりけり
　死ぬるというもまことならねば

いずれにしても、迷いの眼からみて、[91]身体は死んでも、魂は死なないなどというのは、とんでもないまちがいでございます。[92]悟った人の言葉にありますように、身も種も同じように死ぬる、というのでございます。[93]仏といっても、虚空のことです。天地国土、すべてのものが、本分の田地にかえるのでございます。

[94]一切経に説かれている、八万の法蔵をさしおいて、この一巻の文で得心なさって下さいませ。[95]大安楽の人に御成りになるにちがいありませぬ。

[96]筆置も夢のうちなるしるしかな
　さめてはさらに問う人もなし

[97]康正三年四月八日　虚堂の七世、東海の前大徳寺住持、一休子宗純

人体の息、暖かさ、血の動き、土に配するのは、円覚経の説である。

(90)何事も…の歌＝一生は、すべて仮の世であった。死ぬということも、実ではなかった。仮の姿が消えるだけのことだ。

(91)身は死ねとも＝身心を二つに分け、肉体は滅びても、魂は不滅とする、いわゆる霊魂不滅説を批判するもの。

(92)身もたねもひとつに＝身心ともに空にかえるところ。たねは、魂。種、胤など、いろいろにとられよう。

(93)仏といふもこくうの事なり＝仏もまた空である。臨済録の示衆にいう、「仏というは心清浄これなり」。虚空には、清浄と空無の二義があった。

(94)一切経八万法＝一切経にまとめられる、八万四千の法門。人々の煩悩の数だけ、仏の方便説がある。

(95)大安楽の人＝坐禅は、大安楽の法門である。元来は、法華経の安楽行品に出る。

(96)筆置も…の歌＝ここで筆を置くのも夢の中のことにすぎぬ。一たん夢からさめて見ると、もう誰も問題にしようとしない。流布本には、「かきおくも夢のうちなるしるし

しかな、さめてはさらにとふ人もなし」とある。

(97)康正三年四月八日＝康正三年（一四五五）は、一休六十二歳。九月二十八日に長禄元年となる。前年、薪の妙勝寺に、新たに大応国師の像をつくり、自ら点眼安置している。虚堂七世の自覚が高まり、自ら東海の純一休と名のるのも、この時代以後のことである。ただし、前大徳寺という自署は、文明六年（一四七四）二月二十二日に、大徳寺に入山して後のものであるから、ここにすでにこの名を自署するのは、やや不可解である。康正三年を信ずれば、前大徳寺の四字は、後人の増加とみるほかない。

一休が薪に妙勝寺を中興し、やがてここを道場とする、康正・長禄時代は、墨蹟や作詩活動が旺盛であり、開山像を本寺にかえして、法華宗に変わったと宣する、有名な自戒集の記事をはじめ、康正二年には、新たに大応国師尊像を造る偈のほか、苦行釈迦像賛（真珠庵蔵）、葉室頌号（酬恩庵蔵）、滴凍頌号（正木美術館蔵）などがあり、康正三年には、墨梅図頌（根津美術館蔵）、円相自賛（真珠庵蔵）、その他の自賛像が多数つくられるのが、注目に値しよう。『骸骨』は、もともと、高貴の女人に与えた法語が原型のようであり、弟子たちによって、次々に加筆され、増広されて、現形となると見られよう。

柿崎家本『一休骸骨』に寄せて

柳田　聖山

一休に『骸骨』という、絵入り仮名法語のあることは、かなり古くより知られていたし、今までもすでに、幾種かの版本や、刊本が出ている。ややもすると、その真偽と時代の関心が、先となる傾きがある。

今度、柿崎家本の出現を機に、あらためて巻子本で読んでみると、思いもかけぬ共感があって、いろいろと思い当たるふしも多い。これが一休の自筆というのでは、勿論ないけれども、版本や刊本で読むのとはちがって、原作者のウブな創意を、彷彿と紙背に見る感じで、一休その人により近づけそうに思うのである。

この写本は、かなり素性がよい。すくなくとも、漢詩の『狂雲集』より、巻子本『骸骨』への発展を、素直に肯うことができそうである。真偽とは異なった角度で、十分に鑑賞に堪えるものをもつ。そんな気分の変わらぬうちにというので、俄かに相談がまとまって、覆印に決したのがこの出版である。

先に『狂雲集』を訳注したとき、『骸骨』とのあいだには、かなりの距離が感ぜられて、やや敬遠気味であった。一般の評価も、気になっていた。まともにとりあげる勇気がなくて、避けて済ませられるならというのが、正直なところである。同じ仮名ものでも、『一休咄』や『山家一休』、『傾城一休』となれば、はっきりと江戸好みである。それは、それでよい。ところが、『二人比丘尼』や『仏鬼軍』は、その来歴を把みにくい。『水鏡』や『仮名法語』も、何処まで一休その人の作と言えるか。問題は、江戸と断定できるならよいが、むしろそうでないところであって、扱いに困るのである。

新しい柿崎家本の出現で、事情が大きく変化する。やや誇張していえば、わたしは今、眼からウロコの落ちる思いだ。とりあえず、この本を基準にして、先にいう一群の仮名ものを、一休の晩年もしくは直弟子の時代に、近づけて考えてよいのでないか。あらためて、思いかえすのである。すくなくとも、これがわたくしの、今後の新しい仕事の、動機になりそうに思える。

江戸時代に流行する『九想詩絵』と、一休の『骸骨』とのちがいが、大きい一つの決め手となる。『骸骨』は、はじめから骸骨で、歴たる正体である。だんだん変形することはない。死臭もない。むしろ、一休の『骸骨』には、『二人比丘尼』と共通するところがあり、同じ題名をもつ鈴木正三の作品のモデルとなる。正三の『二人比丘尼』は、明らかに『九想詩絵』をふまえていて、版本にも二つを合わせたものがある。江戸時代に、一休の『骸骨』は、『九想詩絵』と混同されるのである。『骸骨』の構成は、『九想詩絵』とは異質である。『九想詩絵』とは無関係の、カラッとした明るさが本領で、両者を混同することは許されぬ。『骸骨』には、俗っぽい教訓や、人生読本の思想と無縁の、純粋な色気があって、これはどうしても一休以外のところから、一寸出そうにないのである。とりわけ、『九想詩絵』は一種の不浄観のテキストで、敦煌文書にも作品があって、その由来はきわめて古い。日本でも、空海にはじまって、台密で一層変化し、禅では夢窓などが影響をうける。どちらかというと、すこぶるきまじめである。のちに江戸時代の『九想詩絵』の祖本となる、伝蘇東坡の作品も、その本質を一にする。江戸の版本が、強いて『骸骨』に結びつけ、淫靡な加工を重ねて、俄かに卑俗化するのである。

要するに、一休の『骸骨』は、蘇東坡とも『九想詩絵』とも、本来は何の関係もない。むしろ、『狂雲集』の漢詩文学を、絵と和歌と仮名草子に移すのがねらいで、漢詩のもつ制約から、十分に果たせなかった一休文学の流動性を、巻子によって発揮したと言えないか。他筆、他作のテキストが出来るのは、当然のことである。私見によれば、『狂雲集』に収める二人比丘尼の話（奥村本第六四八偈）より、仮名法語の『二人比丘尼』へ、『二人比丘尼』より『骸骨』への展開が考えられる。漢詩の『二人比丘尼』そのものが、すでに問題の作品であり、墨蹟資料をも考慮に入れると、断定は勿論できないが、晩年の一休は、漢詩を一つ作るたびに、同じテーマを絵にしたり、舞曲にかえて自ら演ずることが、幾度かあったようである。一休の周辺には、すでに連歌や狂歌をはじめ、水墨、茶の湯の弟子たちが、たむろしていた気配もある。尺八の歴史も、一休で再編される。

今日まで、目睹（もくと）し得た最善のテキストを、原装のまま公刊することを先とし、一休の禅と文学に関心を寄せられる、各方面の諸賢の、忌憚なき御意見を頂くための、拋磚引玉（ほうせんいんぎょく）の資としたい。中世の絵巻や古文書は申すに及ばず、謡曲や抄物資料との比較による、原作の時代確認と、逆にそれらに共通する中世史や国語資料としても、有益な成果となることを期待する。

一九八四年六月一日

本書は、柳田聖山先生を編者として昭和59年6月30日に禅文化研究所から発行した『一休骸骨』（図版＋別冊）より、「脱線・骸骨談義（富士正晴＋柳田聖山）」以外を再編したものである。

柳田聖山（やなぎだ・せいざん）
大正 11 年（1922）、滋賀県生まれ。京都大学人文科学研究所所長を経て、京都大学名誉教授。中部大学国際関係学部教授、花園大学国際禅学研究所所長を歴任し、平成 18 年（2006）に逝去。著書に、『夢窓』『一休』（講談社）、『一休狂雲集の世界』（人文書院）『純禅の時代（正・続）』『禅の山河』（禅文化研究所）など多数。

早苗憲生（さなえ・けんせい）
昭和 17 年（1942）、長野県生まれ。元禅文化研究所資料室主任。現在、妙心寺派保壽寺（長野県飯田市）住職。著書に、『本覚国師虎関師錬禅師 』（共編・禅文化研究所）、新日本古典文学大系 52『庭訓往来・句双紙』（共著・岩波書店）、論文に「華叟宗曇筆『法語』（酬恩庵所蔵）について」（禅文化研究所紀要第 28 号）その他。

一休骸骨　図版と訳注

平成 27 年 11 月 20 日　初版 1 刷発行
令和 1 年 7 月 15 日　初版 2 刷発行

現代訳注釈　柳田　聖山
釈文・解題　早苗　憲生
発　行　公益財団法人 禅文化研究所
〒 604-8456　京都市中京区西ノ京壺ノ内町 8-1
花園大学内
TEL 075-811-5189　info@zenbunka.or.jp
https://www.zenbunka.or.jp
印　刷　ヨシダ印刷株式会社

ISBN978-4-88182-290-6 C0015